© COPYRIGHT 2021 ARLA CREATIVE

All right reserved. No part of this book or these pages may be reproduced, transmitted or distributed in any form or by any means without written transmitted or distributed in any form or by any means without written permission of ARLA CREATIVE.

Buona Pasqua!

BUONA PASQUA!

BUONA PASQUA !

BUONA
Pasqua

Happy
EASTER

BUONA PASQUA!

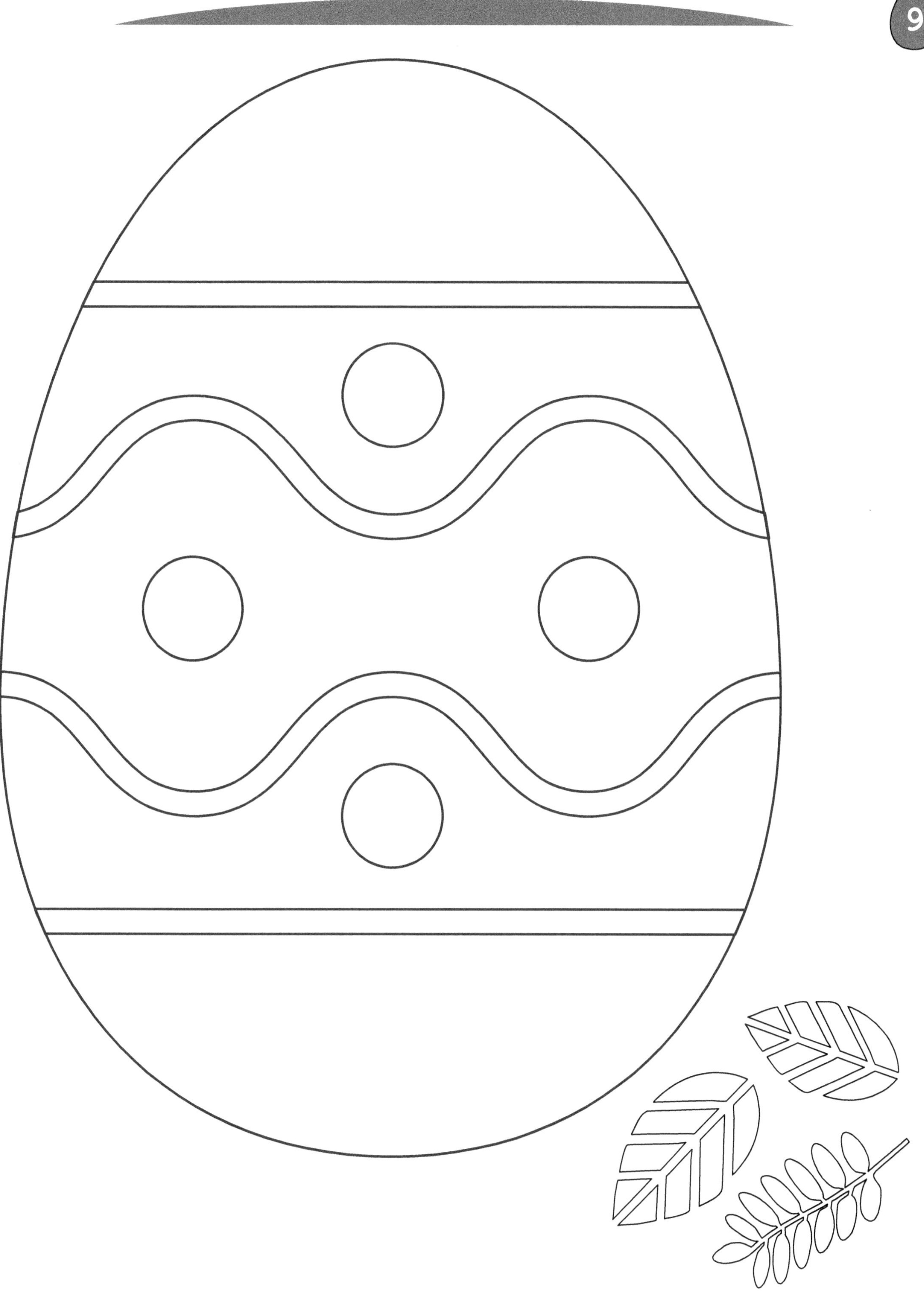

11
RICERCA
DI PAROLE
U O L L A G R C A J
O I E H O U T R Q F
V W S R T O E V X N
O H P C O V S F F P
I G V Q A I J A Q M
G T J M N P F O I H
J G I A C F I D G Z
V R P A G L I A E M
P V P U T C E J M M
A O O Q E Y W F O X
FIORE
PRIMAVERA
GALLO
PAGLIA
UOVO

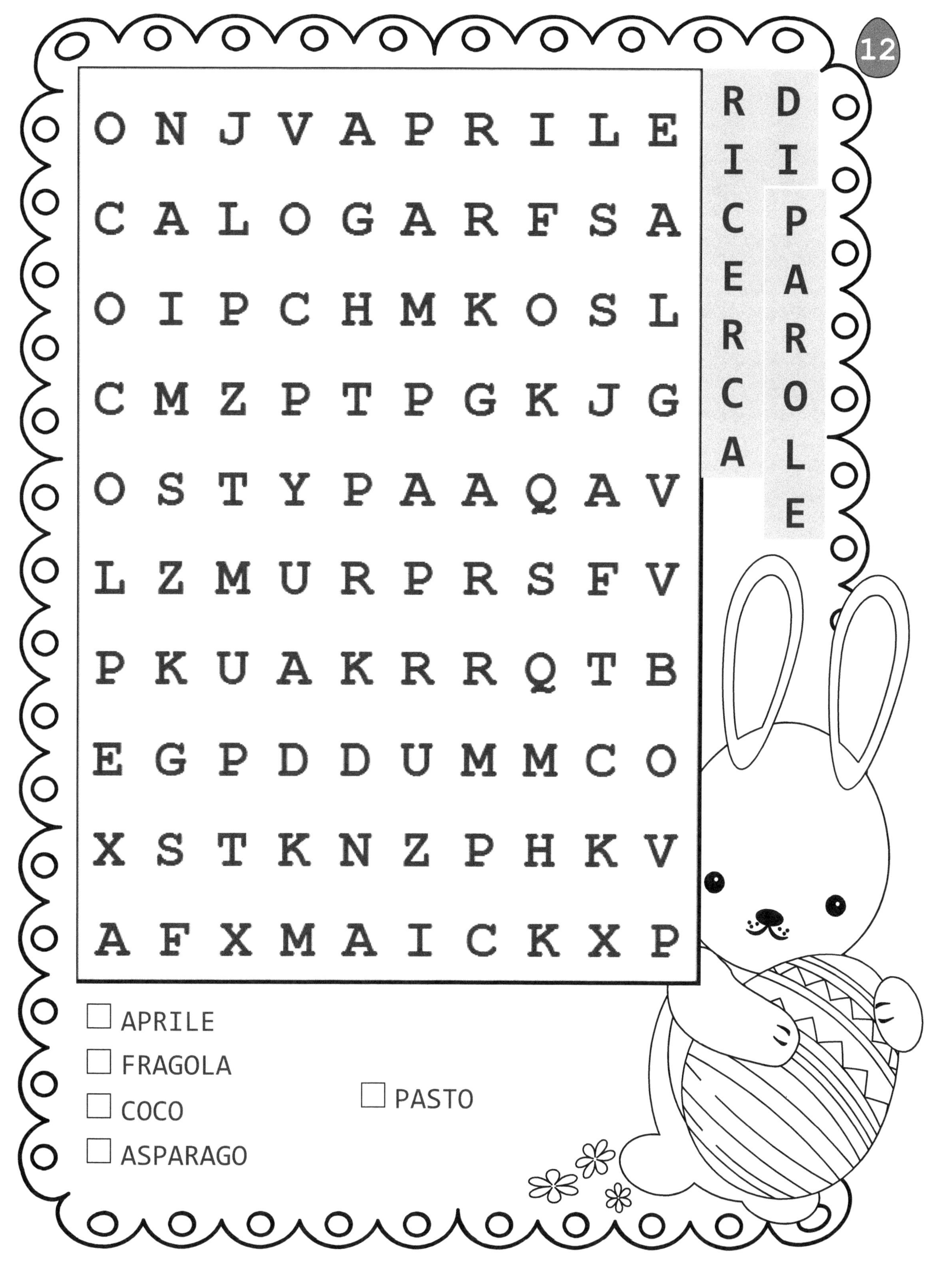
12
RICERCA DI PAROLE
O N J V A P R I L E
C A L O G A R F S A
O I P C H M K O S L
C M Z P T P G K J G
O S T Y P A A Q A V
L Z M U R P R S F V
P K U A K R R Q T B
E G P D D U M M C O
X S T K N Z P H K V
A F X M A I C K X P
APRILE
FRAGOLA
COCO
ASPARAGO
PASTO

13
RICERCA
DI PAROLE
R E G A L O J P B Y
C V Y R U I T F W Q
O I L G I N O C G Z
N O T T C B N I M W
G K V F Z A A O W P
Z M T T Y L R P T S
J A Q G L T L O Z B
T R R O D B F N T S
Q Z P E Z Y N W U A
X O D L N K U M X S
MARZO
CAROTA
REGALO
GIALLO
CONIGLIO

14
RICERCA DI PAROLE
A U Q S A P Q B A Q
I I A F K D M L L U
Q S E R Z F L M I A
C E S T O E S I K R
D R B S M C B Q F E
W Z L A F A E A Q S
N V R F G T E P C I
A A S U Y V I Q C M
C F P M X N H F M A
C O H H C F H P T C
CARAMELLA
PECORA
CESTO
QUARESIMA
PASQUA

15
RICERCA DI PAROLE
Y A P A P L K C F T
Q N L R A M O U U O
B A I T W J B L T S
Y U E D D X I N L L
M T R B O P K N G U
I O W G A J S M L X
V X N N T U I L B P
F Z O C W G D H W Z
D B M B C N S X L H
O I F T S F R F F U
ALA
RAMO
NIDO
TULIPANO
PAPA

16
RICERCA DI PAROLE
V B F N L M X D H R
J C Z J Z J P E Z Y
F E S T A U V C N J
P R J R L E A O F O
Q K P C V N P R B Y
U R I R A A Q A A F
J N E P Z U G R E F
O B M G E C G E P D
E A I L G I M A F M
C J D G B O B T M I
☐ CAMPANA
☐ FESTA
☐ DECORARE
☐ PULCINO
☐ FAMIGLIA

17
RICERCA DI PAROLE
Q V H W D A I U C U
I G M T I K N B R Q
O O E C U X C S R N
K R C L A S O W O N
Z A Ì D R E N E V E
C M K F Z C T L E P
K T S S F Z R B H W
C H I E S A O J X O
Z U M B P I O Q M M
Z W G J G S H D C I
☐ CACCIA
☐ VENERDÌ
☐ CHIESA
☐ INCONTRO

18
RICERCA DI PAROLE
V A C I N E M O D D
E E A A K Q S L I R
H E L M Y S I P S J
F E T O D H I Q S P
T N B F C N F G T D
E Z I Q G E P U B P
Y S N E J S H R C G
R T R Z O E F E T A
B E T E E D P O E T
X R I A L A F W U J
APE
VELOCE
DIPINGERE
DOMENICA

19
RICERCA DI PAROLE
O K X O D H F I E T
S D G R I B D F E F
I M F T M N Q W H T
C Y P R O U W Y Z J
R G O C B Z P S A V
A G S G A L L I N A
N A J A S L G T P Z
N E T O D R E C A S
Z M P K X D I N I D
Z G D O B D W F Q V
GALLINA
SACERDOTE
NARCISO
NASCONDI

20
RICERCA DI PAROLE
C O F X O P G A Q L
R G V I G I O Y U A
O L C V G W T U M D
C L Y L X E A G M L
E E I A A T F M J P
R M B O L L E N G A
Y R J B S W M A X Y
E S O B J K U E E X
Q M F B I B B I A F
O V J X J W E T G N
☐ AGNELLO
☐ ERBA
☐ BIBBIA
☐ GIGLI
☐ CROCE

UNISCI LE META

TROVA L'OMBRA CORRETTA

TROVA L'OMBRA CORRETTA

TROVA LE DIFFERENZE

trova e cerchia le 7 differenze tra le due immagini

TROVA LE DIFFERENZE

trova e cerchia le 7 differenze tra le due immagini

TROVA LE DIFFERENZE

trova e cerchia le 7 differenze tra le due immagini

TROVA LE DIFFERENZE

trova e cerchia le 7 differenze tra le due immagini

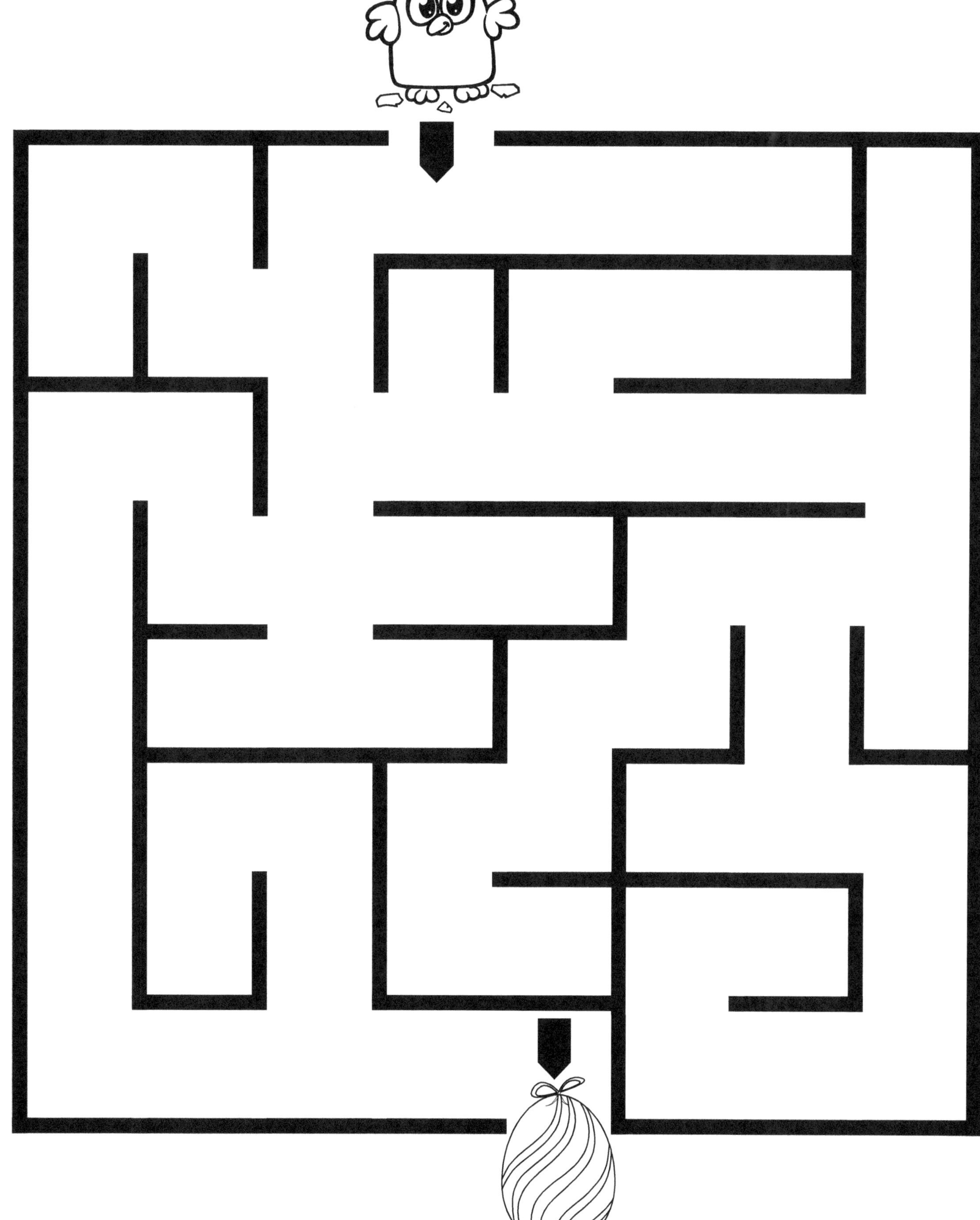

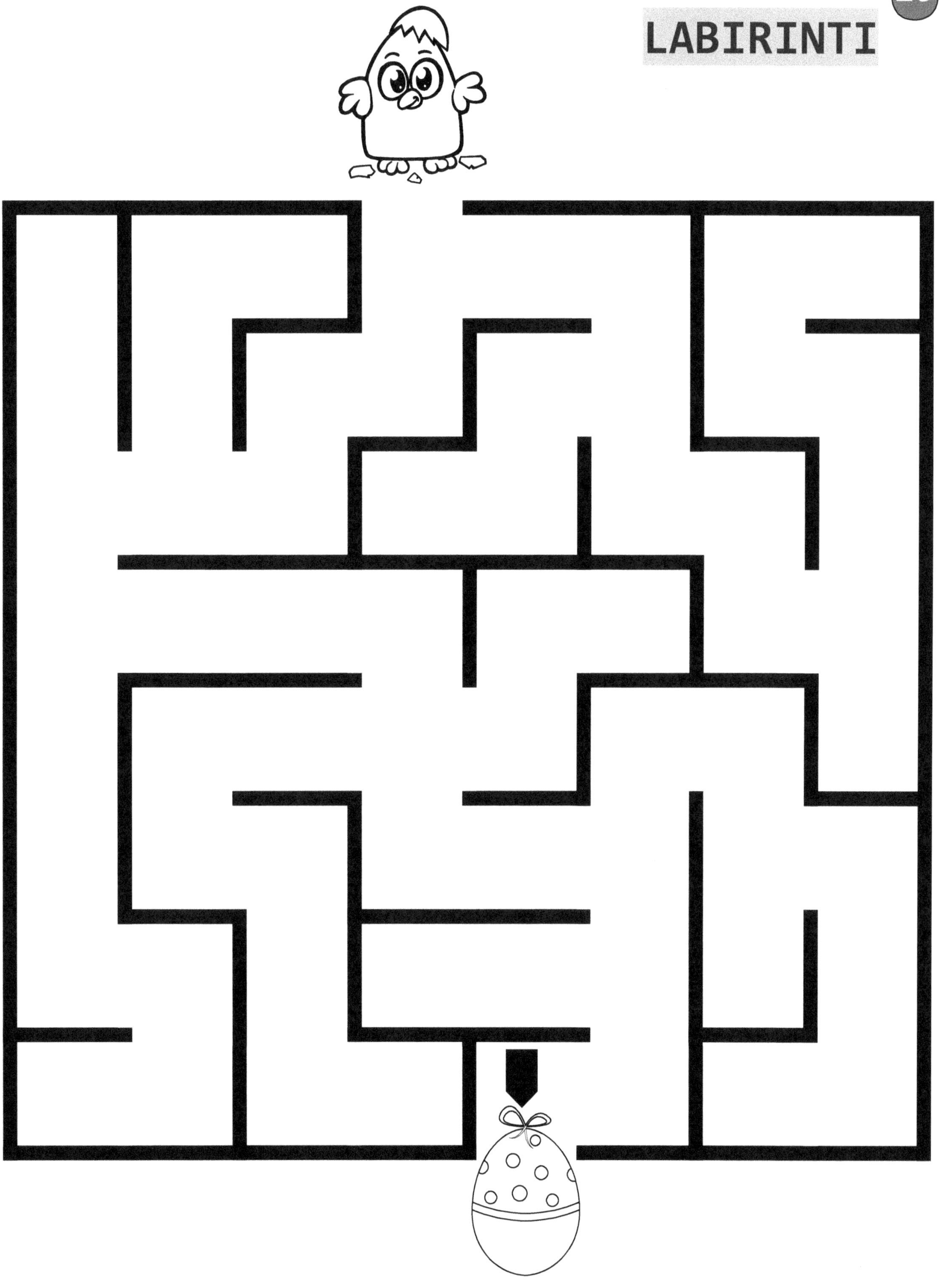

LABIRINTI

TROVA DUE STESSI PERSONAGGI

TROVA DUE STESSI PERSONAGGI

TROVA DUE STESSI PERSONAGGI

UNISCI I PUNTINI

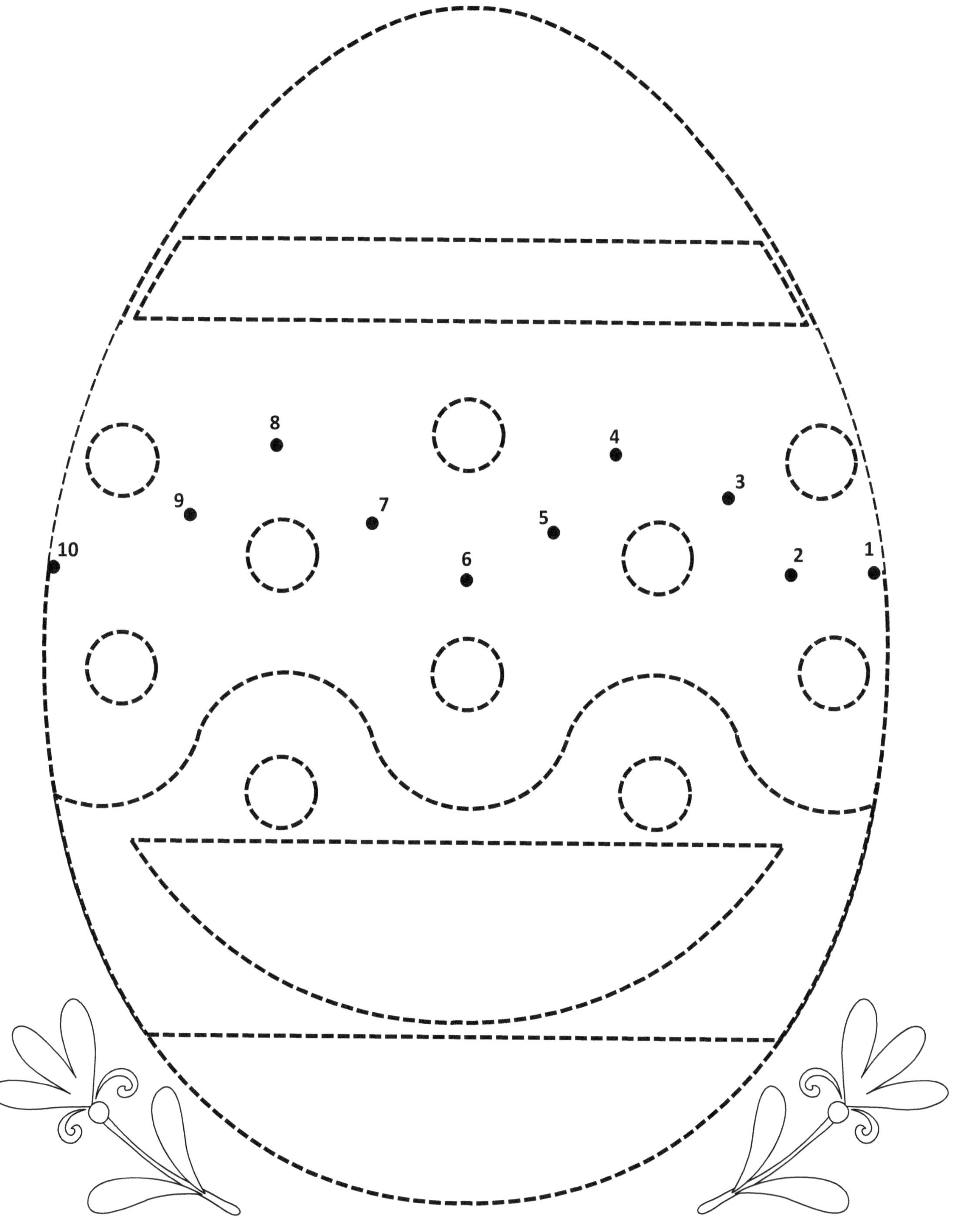

UNISCI I PUNTINI

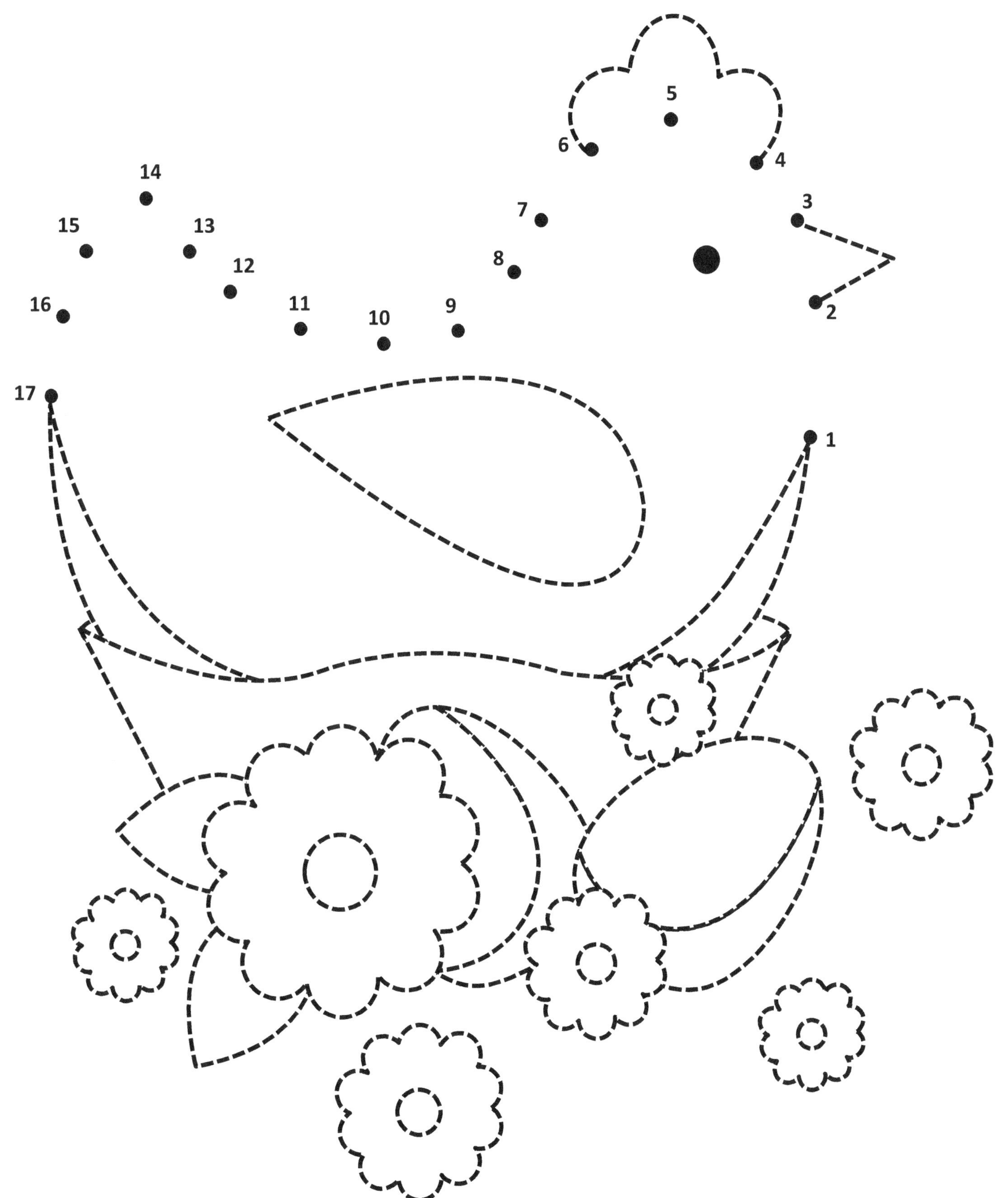

UNISCI I PUNTINI

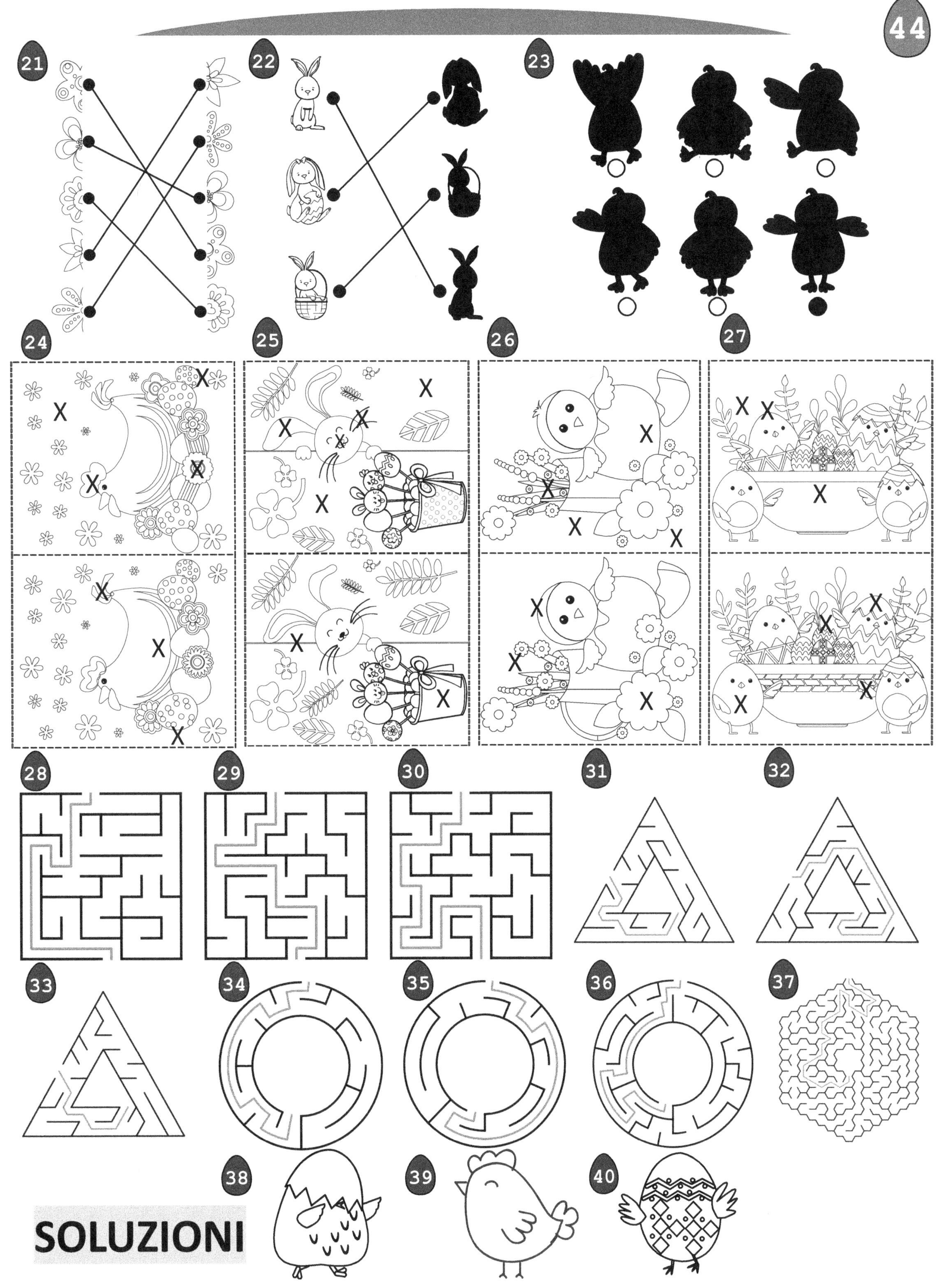

SOLUZIONI

www.ingramcontent.com/pod-product-compliance
Lightning Source LLC
LaVergne TN
LVHW082250150826
845677LV00009B/1591

* 9 7 9 8 7 1 3 8 6 7 0 9 6 *